KB082511

하 루 1 0 분
글 씨 교 정
중 등 용

바른 글씨와 평화 감수성을 위한 **하루 10분 글씨 교정** 중등용

발행일 2019년 6월 10일 **펴낸이** 조재도, 송병훈 **펴낸곳** 작은숲출판사

주소 경기도 파주시 신촌로 21-30 **전화** 070-4067-8560 **팩스** 0505-499-8560

단체구입 문의 http://jwww.bookmanson.co.kr/

하루 10분
글씨교정
중등용

조재도 · 송병훈 공저

학교 _____

학년 _____

이름 _____

좋은 인생

조재도

참새 짹

까치 까작까작

강아지 앞발 쭉 펴

허리 고르고, 후드드 몸 털고

나 아함 잘 잤다

목차

필기구를 어떻게 잡을까?

필기구를 바르게 잡는 것은 글씨를 잘 쓰는 데 아주 중요한 일입니다.

아래 내용을 참고하여 필기구를 바르게 잡고 백지에 천천히 글씨 쓰는 연습을 해 보세요.

▣ 필기구의 선택

글씨교정 초기에는 미끄러움이 없는 연필로 연습하는 것이 교정에 도움이 될 것입니다. 삼각형으로 된 필기구라면 초기 교정에 더욱 좋습니다. 그리고 필기구를 바르게 잡는 데 문제가 없을 땐 굳이 필기구를 가려 선택할 필요는 없습니다. 오히려 다양하게 생긴 필기구로 다양하게 써 보는 것이 좋습니다.

▣ 바르게 필기구 잡는 법

필기구는 엄지, 검지, 중지 세 손가락으로 잡되, 새끼손가락은 손바닥에 대고 약지는 새끼손가락 위에 살짝 얹고, 중지는 약지 위에 얹혀 아래 손가락에 의지한다는 기분으로 필기구를 잡는다.

필기구를 잡을 때 엄지와 검지는 둥근 원이 되도록 하고, 엄지와 검지의 위치는 중지 손톱 위 마디에 놓도록 한다.

필기구를 잡은 세 손가락 끝은 필기구의 깎인 혹은 깎인 듯한 지점 위 1cm 정도 위치에 손가락 끝이 가지런히 모이도록 잡는다. 정면에서 본다면 세 손가락의 끝이 삼각형을 이루도록 한다.

이 책을 시작하기 전에 아래 문장을 써서 남겨 주세요.
그리고 글씨 쓰기를 성실히 익힌 후 교재 뒤쪽에 마련한
같은 내용의 문장을 다시 써 보세요. 교정 학습 후 변화의
정도를 볼 수 있습니다.

_____ 님의 교정 전 글씨입니다.
년   월   일   시   분

평화를 원한다면 평화를 실천하라.

■ **일러두기**

- 본인에게 알맞은 필기구를 선택하여 주위를 정돈한 후 바른 글씨로 천천히 따라 씁니다.

- 〈글씨 교정 노트〉는 하루 10분씩 제시된 단어나 문장을 따라 쓰도록 구성되었습니다.

- 이 책에 제시된 자료는 송병훈 님의 『훈민정필 글씨 교정』과 조재도 님의 글에서 뽑았습니다.

- 제시된 문장의 의미를 되새기며 호흡을 가다듬고 반복하여 따라 씁니다.

- 두 달 동안 사용하도록 구성되었으며, 한꺼번에 쓰는 것보다는 매일 10분씩 쓰는 게 좋습니다.

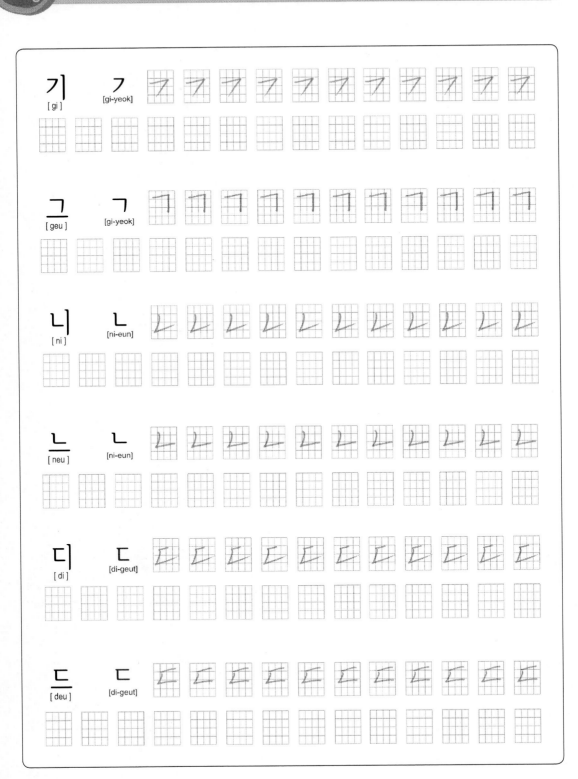

8

리 [ri]	르 [ri-eul]											
르 [reu]	르 [ri-eul]											
미 [mi]	ㅁ [mi-eum]											
므 [meu]	ㅁ [mi-eum]											
비 [bi]	ㅂ [bi-eup]											
브 [geu]	ㅂ [bi-eup]											

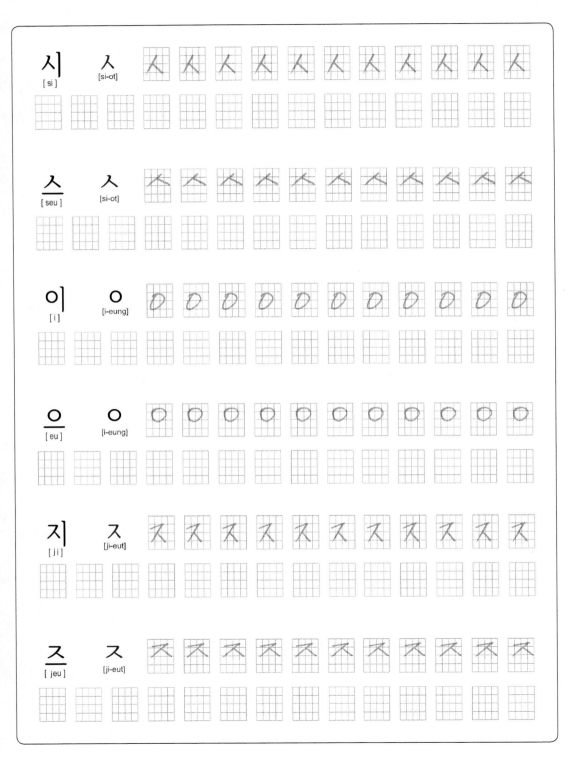

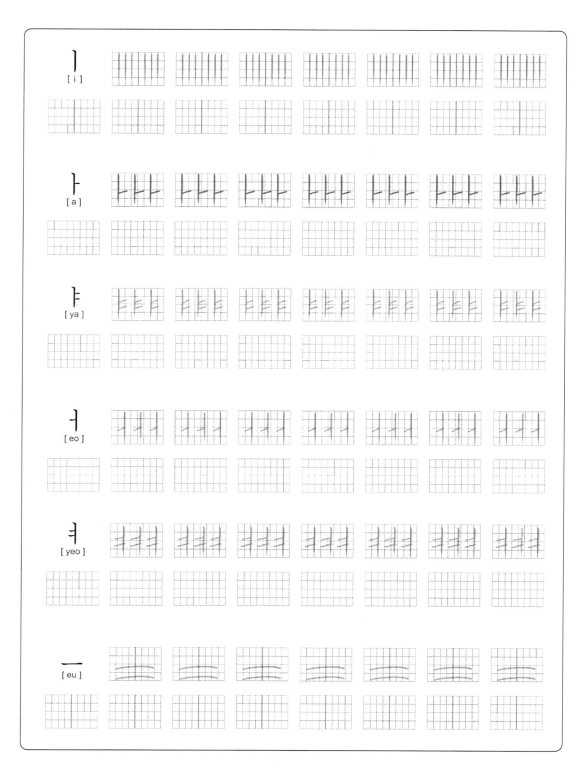

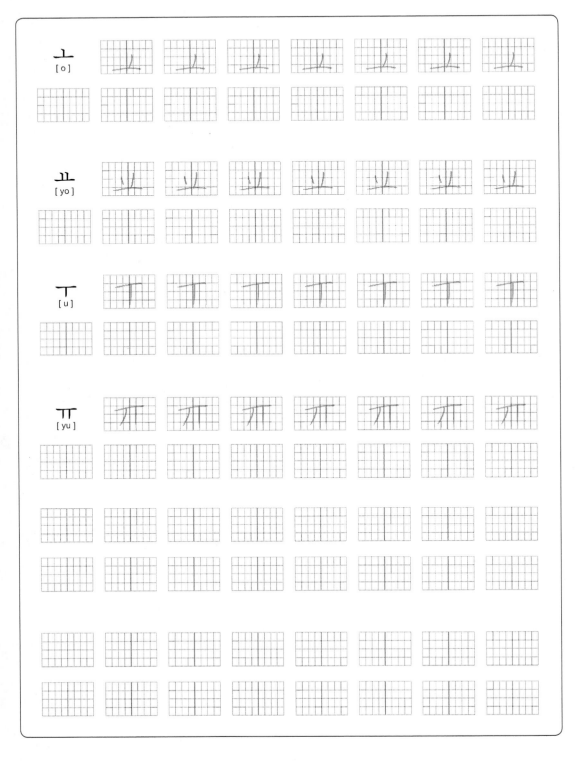

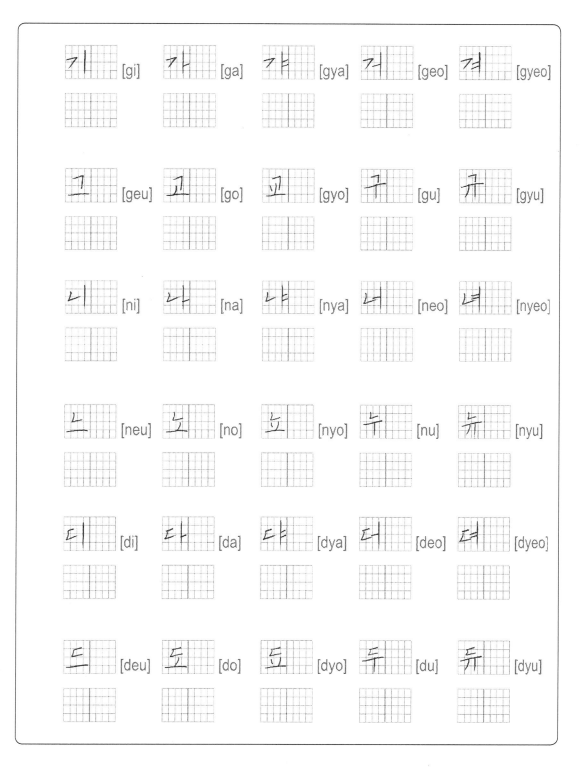

기 [gi] 가 [ga] 갸 [gya] 거 [geo] 겨 [gyeo]

그 [geu] 고 [go] 교 [gyo] 구 [gu] 규 [gyu]

니 [ni] 나 [na] 냐 [nya] 너 [neo] 녀 [nyeo]

느 [neu] 노 [no] 뇨 [nyo] 누 [nu] 뉴 [nyu]

디 [di] 다 [da] 댜 [dya] 더 [deo] 뎌 [dyeo]

드 [deu] 도 [do] 됴 [dyo] 두 [du] 듀 [dyu]

한 글자 쓰기

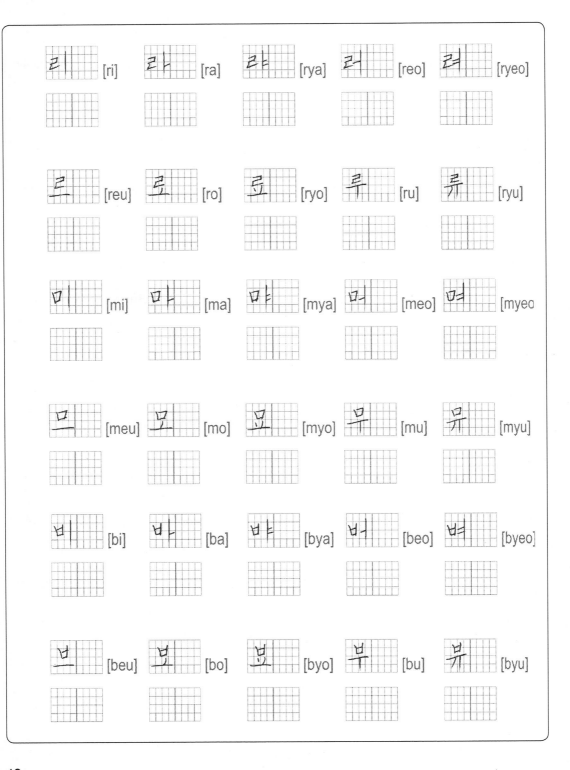

리 [ri]　　라 [ra]　　랴 [rya]　　러 [reo]　　려 [ryeo]

르 [reu]　　로 [ro]　　료 [ryo]　　루 [ru]　　류 [ryu]

미 [mi]　　마 [ma]　　먀 [mya]　　머 [meo]　　며 [myeo]

므 [meu]　　모 [mo]　　묘 [myo]　　무 [mu]　　뮤 [myu]

비 [bi]　　바 [ba]　　뱌 [bya]　　버 [beo]　　벼 [byeo]

브 [beu]　　보 [bo]　　뵤 [byo]　　부 [bu]　　뷰 [byu]

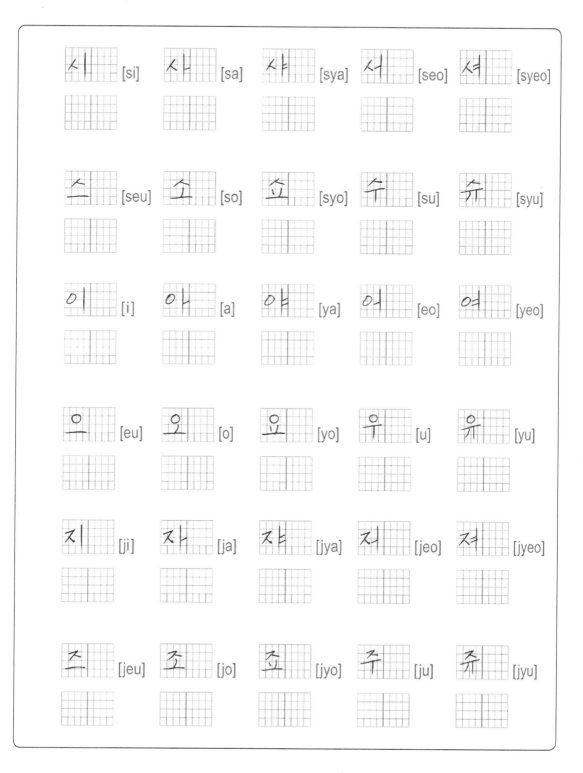

시 [si]　사 [sa]　샤 [sya]　서 [seo]　셔 [syeo]

스 [seu]　소 [so]　쇼 [syo]　수 [su]　슈 [syu]

이 [i]　아 [a]　야 [ya]　어 [eo]　여 [yeo]

으 [eu]　오 [o]　요 [yo]　우 [u]　유 [yu]

지 [ji]　자 [ja]　쟈 [jya]　저 [jeo]　져 [jyeo]

즈 [jeu]　조 [jo]　죠 [jyo]　주 [ju]　쥬 [jyu]

한 글자 쓰기

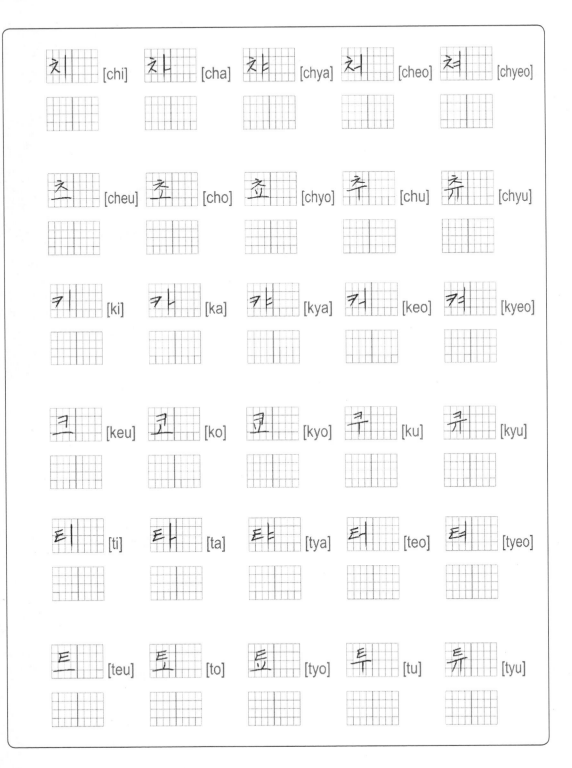

18

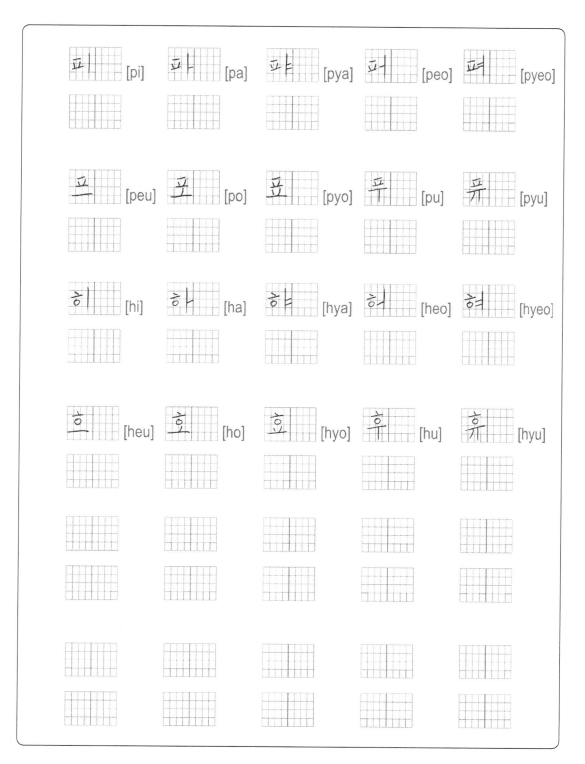

피 [pi]	파 [pa]	퍄 [pya]	퍼 [peo]	펴 [pyeo]
프 [peu]	포 [po]	표 [pyo]	푸 [pu]	퓨 [pyu]
히 [hi]	하 [ha]	햐 [hya]	허 [heo]	혀 [hyeo]
흐 [heu]	호 [ho]	효 [hyo]	후 [hu]	휴 [hyu]

가기
[ga-gi]
go

거미
[geo-mi]
spider

기사
[gi-sa]
article

나이
[na-i]
age

너비
[neo-bi]
width

다리
[da-ri]
leg

라마 [ra-ma] lama

마차 [ma-cha] carriage

미녀 [mi-nyeo] beautiful woman

바지 [ba-ji] pants

버터 [beo-teo] butter

서가 [seo-ga] bookshelf

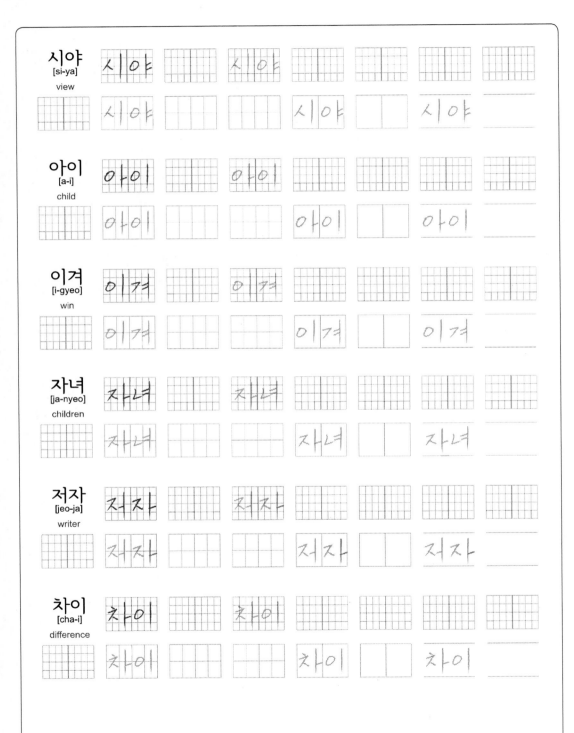

치타
[chi-ta]
cheetah

치타 치타

치타 치타 치타

커피
[keo-pi]
coffee

커피 커피

커피 커피 커피

펴다
[pyeo-da]
spread

펴다 펴다

펴다 펴다 펴다

피리
[pi-ri]
pipe

피리 피리

피리 피리 피리

하마
[ha-ma]
hippopotamus

하마 하마

하마 하마 하마

허파
[heo-pa]
lung

허파 허파

허파 허파 허파

각각
[gak-gak]
each

걸작
[geol-jak]
masterpiece

낙담
[nak-dam]
disappointment

남성
[nam-seong]
man

단청
[dan-cheong]
dancheong

덧신
[deot-sin]
overshoe

24

망간
[mang-gan]
manganese

먹칠
[meok-chil]
disgrace

박탈
[bak-tal]
deprivation

발진
[bal-jin]
rash

법정
[beop-jeong]
court

빙판
[bing-pan]
icy road

받침 글자 쓰기

악당
[ak-dang]
villain

악당 악당 악당 악당 악당

안녕
[an-nyeong]
Hi

안녕 안녕 안녕 안녕 안녕

익살
[ik-sal]
joke

익살 익살 익살 익살 익살

적법
[jeok-beop]
legality

적법 적법 적법 적법 적법

진심
[jin-sim]
sincerely

진심 진심 진심 진심 진심

징역
[jing-yeok]
imprisonment

징역 징역 징역 징역 징역

청년 [cheong-nyeon]
young man

탕감 [tang-gam]
write someting off

텃밭 [teot-bat]
vegetable garden

판명 [pan-myeong]
become clear

픽션 [pik-syeon]
fiction

힙합 [hip-hap]
hiphop

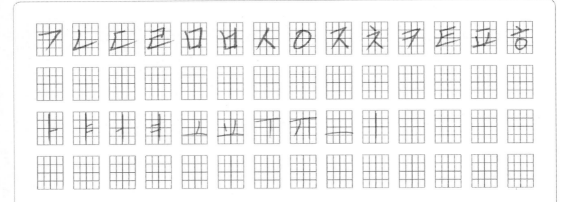

평화, 평온하고 화목함.

건강한 몸은 몸의 평화.

아프지 않은 마음은 마음의 평화.

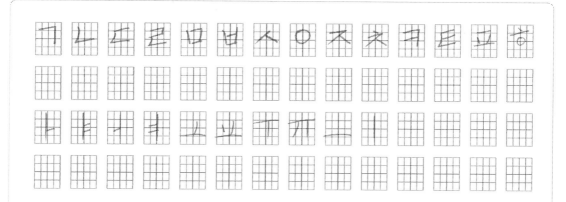

평화 하면 생각나는 말
도움, 배려, 양보, 존중, 행복, 사랑. 자유, 존경, 희망. 용기.
자신감, 가족, 리더십, 기쁨.

평화의 반대말
싸움, 욕, 괴롭힘, 경쟁, 전쟁, 불행, 죽음, 파괴. 괴로움, 배고픔,
슬픔, 짜증, 가난, 미움, 배신, 분단, 무기, 욕심.

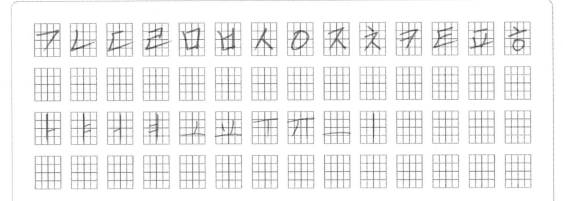

누구나 평화롭기를 원해요.

모두가 평화롭기를 원해요. 동물이나 식물도.

평화, 모든 사람이 원하면 평화.

평화를 원하면 평화를 실천하세요.

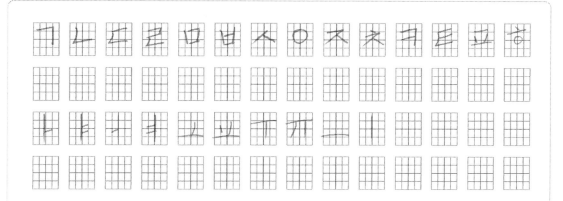

가정에서 평화.

교실에서 평화.

친구 사이 평화.

평화로운 하루.

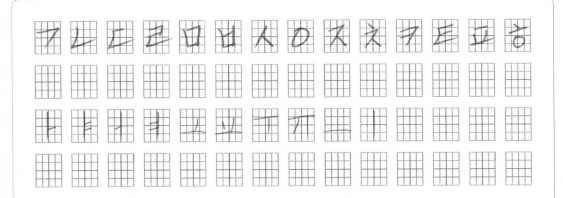

평화를 깨트리는 것들 – 비교, 언어폭력, 따돌림, 괴롭힘, 경쟁심.

소극적 평화 – 전쟁이 없는 상태.

적극적 평화 – 모든 폭력으로부터 자유로운 일상의 평화.

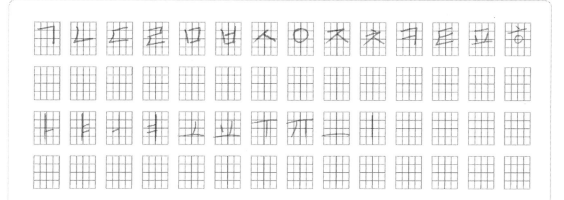

평화로운 세상이란

갈등이 없는 세상이 아니라

갈등을 폭력에 의지하지 않고

해결할 수 있는 능력이 있는 세상.

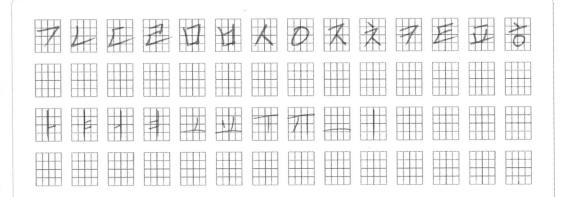

평화능력 – 갈등을 평화롭게 해결할 수 있는 능력.

평화감수성 – 평화롭지 못한 상태를 마음으로 느끼는 일.

평화능력과 평화감수성은 교육과 훈련에 의해 길러진다.

우리의 평화능력은 얼마나 될까.

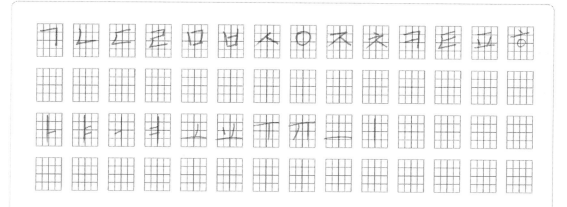

개인 간에는 경쟁.

국가나 집단 부족 간에는 전쟁.

경쟁과 전쟁은 동일한 것.

인류 역사의 두 얼굴, 전쟁과 평화.

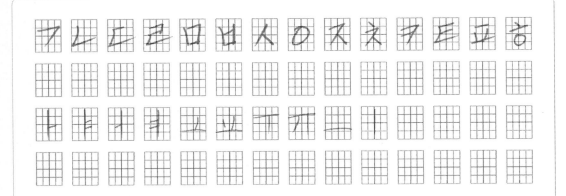

우리는 평화를 배운 적이 없어요.

우리에게 평화를 가르쳐주세요.

평화도 가르치고 배워야 한다.

평화능력과 평화감수성은 그냥 길러지지 않는다.

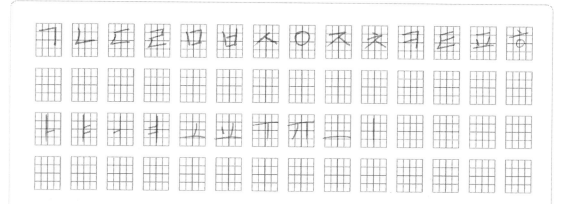

평화의 반대는 전쟁보다 폭력입니다.

평화문화가 있듯 폭력문화가 있습니다.

폭력에는 신체폭력, 언어폭력, 가정폭력, 학교폭력,

국가폭력 등 여러 가지가 있습니다.

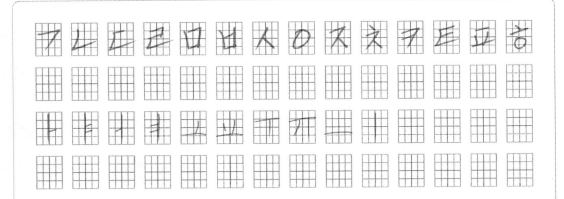

말을 곱게 하자.

눈빛을 곱게 하자.

표정을 온화하게 하자.

이 안에 그 사람의 인격이 담겨 있다.

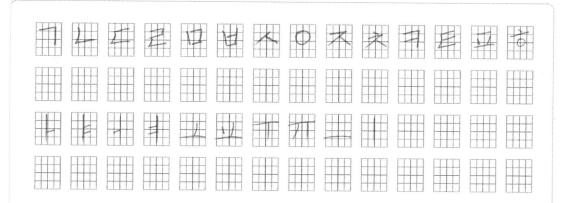

사람에게 가장 중요한 것 세 가지 공기, 음식, 말.

고운 말은 듣는 이의 마음을 따뜻하게 어루만져주고,

나쁜 말, 거친 말, 생각 없이 내뱉은 말은

상대방에게 상처를 줄 뿐 아니라 자기 자신을 해친다.

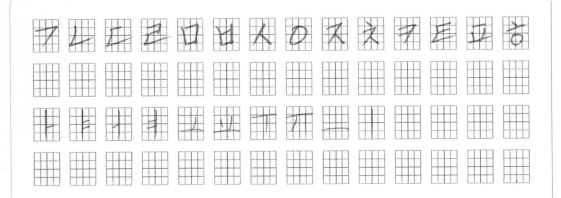

사람의 싸움은 대부분

말다툼으로 시작된다.

말을 조심하는 게

평화로울 수 있는 첫 번째 길이다.

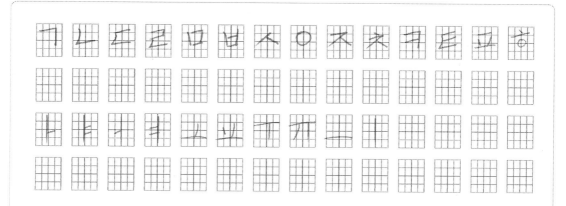

폭력을 줄이는 과정이 평화다.

괴롭힘, 따돌림, 째려봄, 언어폭력을

줄이는 게 평화다.

약자를 배려하는 게 평화다.

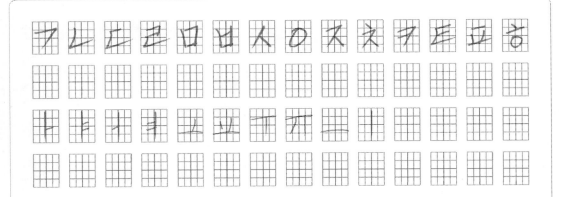

갈등을 피하지 않고 해결하는 게 평화다.

혼자 해결할 수 없으면 주위에 도움을 요청한다.

평화는 갈등이 없는 상황이 아니라

갈등을 평화롭게 해결할 때 찾아온다.

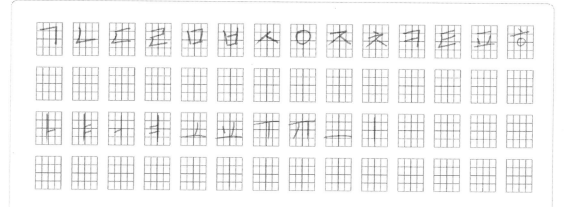

모든 존재는 폭력 앞에서 고통스럽다.

돌도 쇠망치 앞에서는 고통스럽다.

나무도 전기톱 앞에서는 고통스럽다.

인간만이 아니라 동물, 식물, 무생물까지도

폭력 앞에서는 고통스럽다.

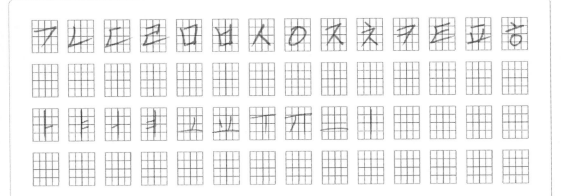

작고 힘없는 것을 불쌍히 여기는 마음, 연민.

작고 힘없는 것을 불쌍히 여기는 마음, 연민.

작고 힘없는 것을 불쌍히 여기는 마음, 연민.

작고 힘없는 것을 불쌍히 여기는 마음, 연민.

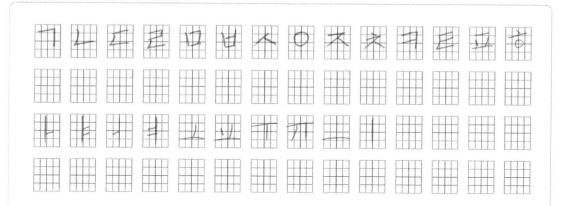

평화는 피해서 얻어질 수 없다.

싫으면 싫다고 말해야 한다.

아니면 아니라고 말해야 한다.

스스로 지켜야 할 평화.

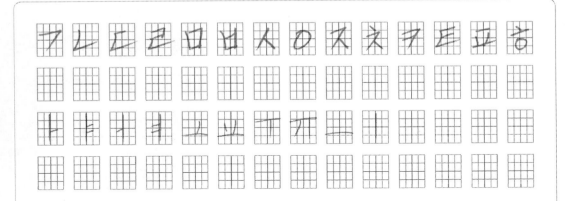

저항해야 할 때

저항하지 않으면 평화도 없다.

분노할 때 분노하지 않으면

평화도 없다.

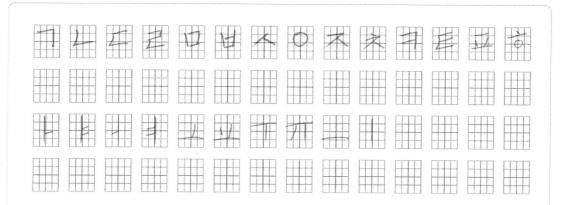

화내면서 어떤 일을 하느니.

차라리 그 일을 안 하는 게 나을 수도 있다.

늘 조금씩 계획을 세워 중단하지 말고 하라.

중단하지 않으면 언젠가 그 일을 이룬다.

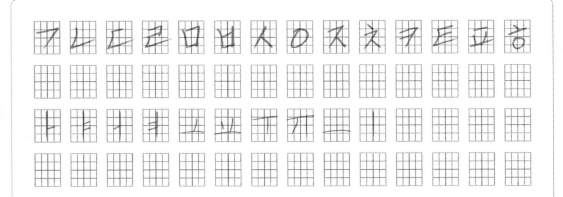

하지 않아도 될 일은 하지 마라.

시간만 허비하고 몸과 마음만 번거롭다.

꼭 해야 할 일은 많지 않다.

깊이 생각해서 하라.

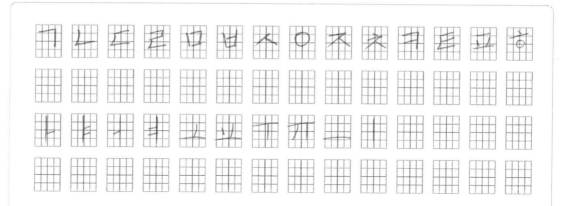

멈추지만 않는다면 천천히 해도

많은 일을 할 수 있다.

아무 일도 하지 않으면 또 어떤가?

무슨 일을 하기보다 안 하는 것이 더 어렵다.

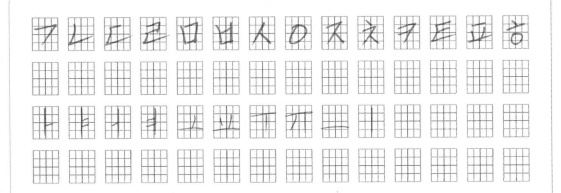

사람은 지치지 않고 달리는 자동차가 아니다.

쉬어야 한다. 쉴 줄 알아야 한다.

그런데 어떻게 쉬어야 하는지 모르는 사람이 너무 많다.

앞으로 달리기 위해서는 쉬어야 한다.

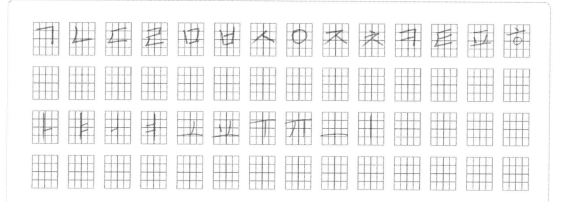

내가 평화로워야 다른 사람을 평화롭게 할 수 있다.

내가 평화로우면 내 주위도 평화롭다.

하나가 평화로우면 둘도 평화롭다.

안이 평화로우면 밖도 평화롭다.

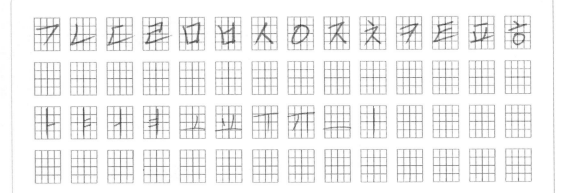

자기감정, 특히 분노를 잘 다스리는 일이 평화의 지름길이다.

분노는 휘발유처럼 폭발성이 강하다.

분노는 사람을 한 순간에 집어삼키는 불이다.

화를 내되 화를 잘 내는 방법을 알아야 한다.

한 순간 통제되지 않은 분노는 인생을 망친다.

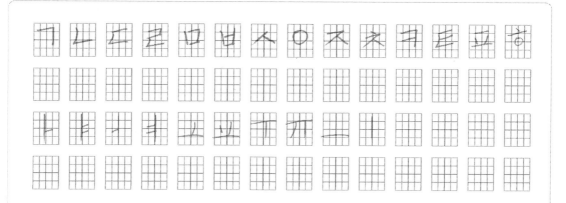

수군수군 모여서 패거리 짓지 마라.

뒷담화만 안 까도 인격이 바로 선다.

모든 일에 대답을 분명히 하라.

예와 아니오를 분명히 하라.

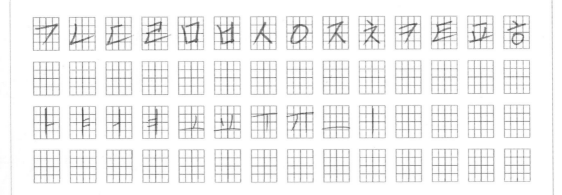

묻는 것을 두려워 마라.

어리석음이란 모르는 게 많은 것이 아니고

몰라도 묻지 않는 것이다.

두려워 말고 물어라. 물어서 알아라. 자유로워진다.

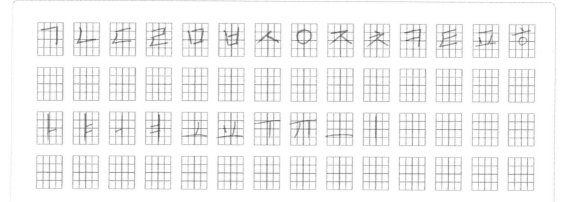

평화능력, 갈등을 평화롭게 해결하는 능력.

평화를 원한다면 평화를 실천하라.

행동하지 않는 평화는 거짓평화이다.

평화를 원한다면 한두 가지라도 평화를 실천하라.

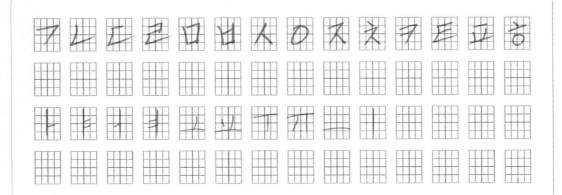

서두르지 않아도 많은 일을 할 수 있다, 포기하지 않는다면.

평화는 행동으로 나타나야 한다.

능력 중의 능력, 평화로울 수 있는 능력.

평화감수성, 평화롭지 못한 상태를 마음으로 느끼는 일.

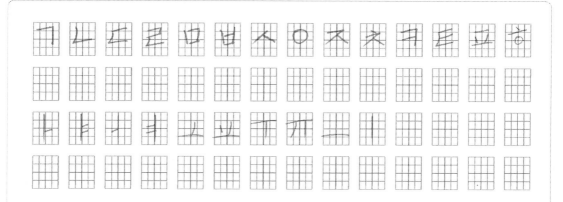

다른 생명을 가볍게 여기면 내 생명도 가벼워진다.

모든 생명의 가치는 동등하다.

우리는 다른 생명을 죽일 권리가 우리에게 없다.

개미 한 마리라도 소중히 여겨야 한다.

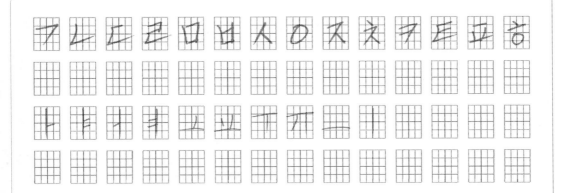

고집이라는 바위를 만나면 평화의 강물은 돌아서 흐른다.

감사합니다. 아, 내가 이렇게 평화롭다니. 오늘 하루가 이렇게 평화로웠다니.

비교는 질투에서 나옵니다. 비교하지 마세요.

비교와 질투는 마음의 평화를 녹이는 독입니다.

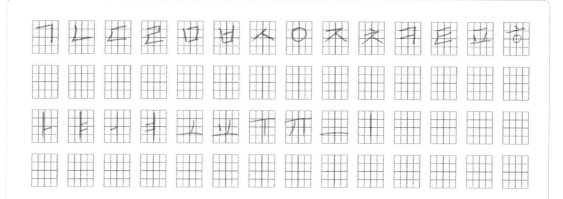

아무리 노력해도 안 되는 일이 있다. 그리고 그것은 우리의 잘못이 아니다.

화가 치솟을 땐 십분 후의 상황을 상상하라.

분노가 폭발하여 엉망이 되어 버린 자신의 인생을 생각하라.

영원히 살 것처럼 애쓰지 마라. 언젠가 우린 죽는다.

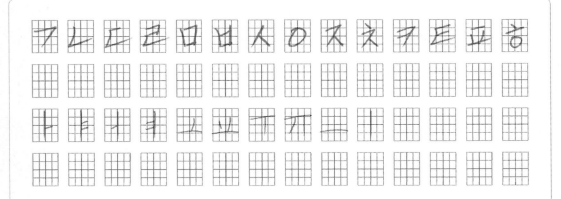

무슨 일이든 아기가 걸음마를 배우듯 하나하나 해결하세요.

후회는 분노보다 더 해롭습니다. 후회하다 보면 끝이 없어요.

해가 지기 전에 마음을 열어라. 그러지 못했으면 잠들기 전에라도 마음을 열어라.

그러지도 못했으면 다음날 아침 식사 때까지는 마음을 열어라.

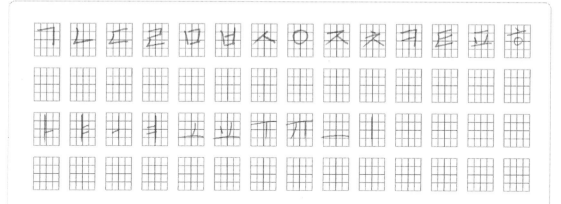

용서란 무엇일까? 분노에서 벗어나는 일.

어리석은 사람은 용서하지도 잊지도 않는다. 순진한 사람은 용서하고 잊어버린다.
현명한 사람은 용서하지만 잊지 않는다. ─토마스 사즈

용서가 있으면 사과가 있다. 용서와 사과는 우리 인간이 모두 결함을 갖고 있음을
나타내준다. 누구나 실수할 수 있고, 그리하여 사과하고 용서하는 것이다.

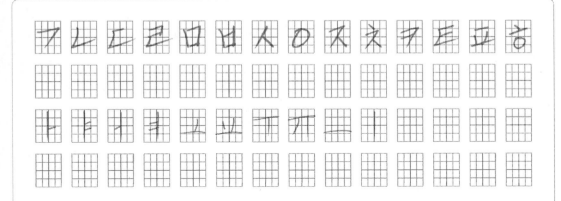

미안합니다, 고맙습니다, 이 두 말에 평화가 있다.

미안합니다, 고맙습니다, 이 두 말에 평화가 있다.

미안합니다, 고맙습니다, 이 두 말에 평화가 있다.

미안합니다, 고맙습니다, 이 두 말에 평화가 있다.

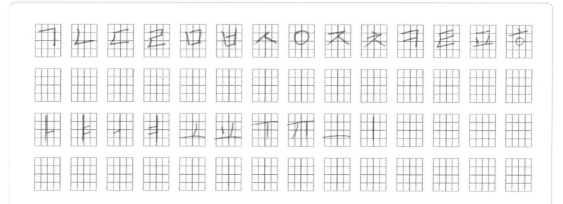

평화로움을 즐겨야 한다.

우리는 대부분 참지 않아야 할 때 참거나, 참아야 할 때 참지 않는다.

세상 밑바닥에 흐르는 두 가지. 고요와 평화.

평화, 걱정하거나 두려워하지 않는 마음.

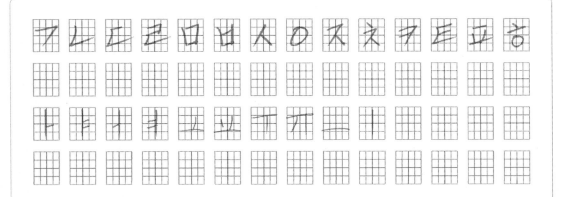

위대한 계획(일)을 세우는 사람보다, 고통 속에서도 평화로운 이를 나는 존경한다.
—성 프란시스코

평화, 서로 다름의 어울림.

폭력을 줄이는 과정이 평화입니다.

능력 중의 능력, 평화로울 수 있는 능력

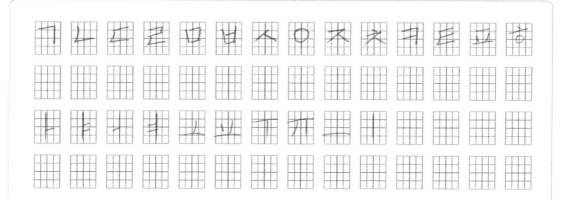

평화는 무기가 아닌 관계의 개선을 통해 이루어진다.

전쟁은 일어나는 즉시 군인의 문제라기보다는 민간인의 문제가 된다.

전쟁에서 가장 많은 희생자는 언제나 여자와 어린이이다.

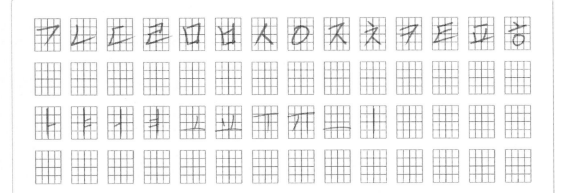

학교에서 번호 대신 이름을 불러 주세요.

가정에서도 아들 혹은 딸이라는 말 대신 이름을 불러 주세요.

인간은 공감을 통해 이기적인 존재에서 벗어날 수 있다.

폭력을 줄이는 일이 평화다.

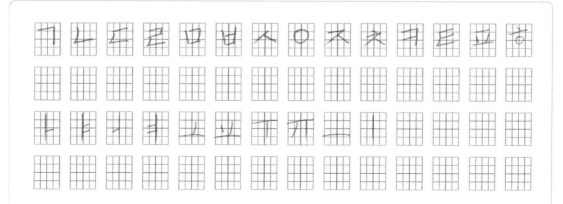

평화권, 누구나 평화로울 수 있는 권리.

동물권, 동물의 권리.

야생동물의 교통사고라 불리는 로드킬이 일어나는 건수가 일 년에 1만 3천여 건,

그로 인해 죽은 동물의 숫자가 우리나라에서만 한 해 100만 마리에 이른다.

67

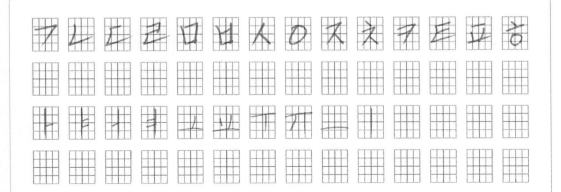

평화의 요체(핵심) : 말을 부드럽게 하는 것, 약속을 지키는 것.

각자가 있는 곳에서, 각자의 방식으로, 형편에 맞게, 각자의 노력을 기울여,
평화를 실천하면 된다.

평화주의자란 평화를 느끼고 사랑하고 실천하고 나누는 사람.

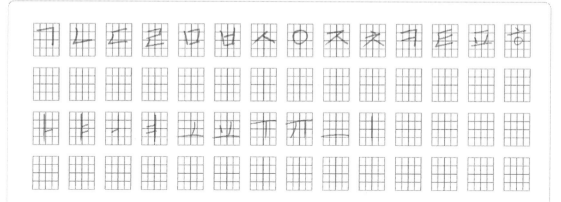

그래서 난 평화를 이렇게 생각한다.

자신의 힘과 노력만이 아닌 타인이 내민 손길에 응함으로써 혼자 보지 못한 빛을

같이 보며, 잊지 못할 경험을 쌓는 일이라고…. ―이창규(고2)

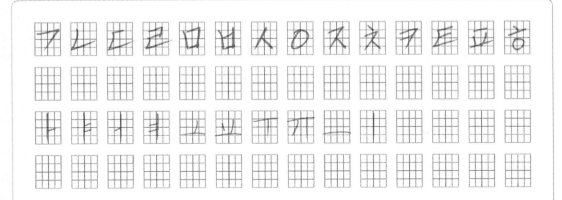

이제부터 평화를 느끼고, 사랑하고, 실천하고, 나누는 평화주의자가 되십시오.

나와 타인이 행복하기 위해서는 평화밖에 없습니다.

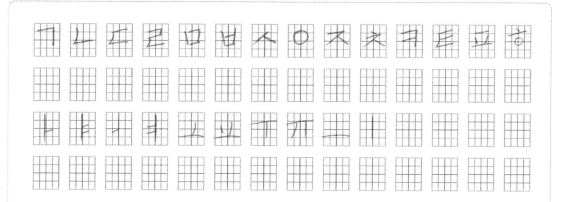

평화, 걱정하거나 두려워하지 않는 마음.

폭력을 줄이는 과정이 평화입니다.

능력 중의 능력, 평화로울 수 있는 능력

평화는 막연한 생각이 아니라 구체적 행동입니다.

ABCDEFGHIJKLMNOPQRSTUVWXYZ

ABCDEFGHIJKLMNOPQRSTUVWXYZ

ABCDEFGHIJKLMNOPQRSTUVWXYZ

abcdefghijklmnopqrstuvwxyz

abcdefghijklmnopqrstuvwxyz

abcdefghijklmnopqrstuvwxyz

1 1 1 1 1   1 1 1 1 1

2 2 2 2 2   2 2 2 2 2

3 3 3 3 3   3 3 3 3 3

4 4 4 4 4   4 4 4 4 4

5 5 5 5 5   5 5 5 5 5

6 6 6 6 6   6 6 6 6 6

7 7 7 7 7   7 7 7 7 7

8 8 8 8 8   8 8 8 8 8

9 9 9 9 9   9 9 9 9 9

0 0 0 0 0   0 0 0 0 0

1 2 3 4 5 6 7 8 9 0   1 2 3 4 5 6 7 8 9 0

1 2 3 4 5 6 7 8 9 0   1 2 3 4 5 6 7 8 9 0

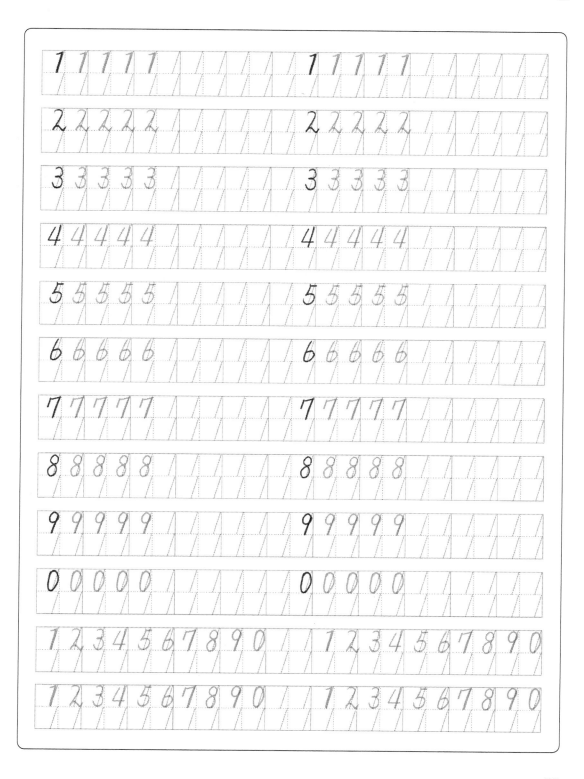

수고 많이 하셨습니다. 〈하루 10분 글씨 교정〉은 글씨 교정과 평
화 감성을 키우기 위한 교재입니다. 교정 전에 썼던 같은 내용과
평화에 관한 생각을 손글씨로 써 보세요.
얼마나 많은 변화가 있었는지 확인해 볼 수 있습니다.

_____ 님의 교정 후 글씨입니다.

년   월   일   시   분

평화는 가까운 곳에 있습니다.